Erst ich ein Stück, dann du

Patricia Schröder

Kleines Pony, großes Glück

Mit Illustrationen von Eva Czerwenka

cbj

Bei diesem Buch wurden die durch das verwendete Material und die Produktion entstandenen CO_2-Emissionen ausgeglichen, indem der cbj Verlag ein Projekt zur Aufforstung in Brasilien unterstützt. Weitere Informationen zu dem Projekt unter:
www.ClimatePartner.com/14044-1912-1001

Penguin Random House
Verlagsgruppe FSC® N001967

1. Auflage 2022
© 2022 cbj Kinder- und Jugendbuchverlag in der
Penguin Random House Verlagsgruppe GmbH,
Neumarkter Str. 28, 81673 München
Alle Rechte vorbehalten
Erstmals erschienen 2007 bei cbj unter der ISBN 978-3-570-13182-4
»Erst-ich-ein-Stück«-Konzept: Patricia Schröder
Umschlag- und Innenillustrationen: Eva Czerwenka
Umschlagkonzeption: semper smile, Werbeagentur GmbH, München
mk · Herstellung: bo
Satz und Reproduktion: Lorenz+Zeller GmbH, Inning a. A.
Druck: Alföldi Nyomda Zrt., Debrecen
ISBN 978-3-570-18022-8
Printed in Hungary

www.cbj-verlag.de

Inhalt

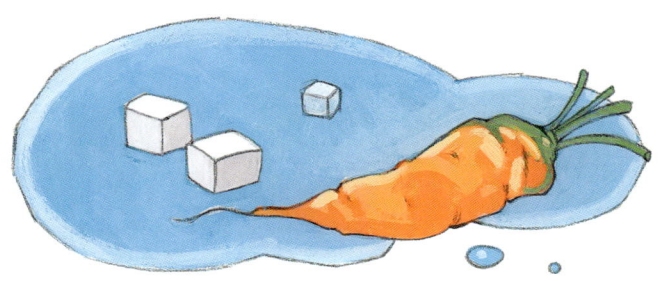

Alles bloß ein Traum?

Das Wetter war traumhaft. Die Sonne schien warm vom strahlend blauen Himmel herunter und weit und breit war nicht ein einziges winziges weißes Wölkchen zu sehen. Emmy rannte lachend über eine große Wiese voller bunter Sommerblumen. In der Ferne standen Apfelbäume, und dahinter lag eine eingezäunte Pferdekoppel, auf der ein kleines braunes Pony und zwei ausgewachsene Shetlandstuten weideten.

Emmy kletterte über den Zaun.

Sie streckte dem Pony

ihre flache Hand entgegen.

„Komm her", sagte sie.

Langsam ging sie auf das Pony zu.

Es hatte ganz freundliche braune Augen.

„Komm schon", lockte Emmy leise.

„Ich hab Zucker für dich."

Das Pony stellte seine Ohren auf. Dann trabte es heran.
Vorsichtig berührte es das Zuckerstück auf Emmys Hand.
Seine Lippen waren ganz samtig.

Plötzlich ertönten laute Stimmen von der Wiese herüber.
Emmy wartete, bis das Pony das Zuckerstück zwischen
seine Lippen genommen hatte, dann wandte sie sich um.
Am Zaun standen drei Mädchen aus Emmys Klasse und
winkten. Es waren Nasra, Sina und Kim.
„Ist das etwa dein Pony?", fragte Sina, die immer superweite
Schlaghosen trug.

Emmy lief auf die Mädchen zu

und nickte.

„Das hab ich

zum Geburtstag bekommen!",

rief sie voller Stolz.

„Dürfen wir da mal drauf reiten?", wollte Nasra wissen und
schüttelte ihre schwarzen Locken.
„Das geht nicht", sagte Emmy. „Letty ist noch viel zu klein",
erklärte sie ihren Klassenkameradinnen. „Aber später mal,
ja, wenn sie ausgewachsen ist?"
„Super!", riefen Kim, Sina und Nasra im Chor.

„Das ist wirklich total nett von dir", fügte Kim mit den hunderttausend lustigen Sommersprossen auf der Nase hinzu.

Emmy spürte eine warme Welle, die von ihrem Bauch herauf bis in ihre Brust schwappte.

„Kommt doch mal rüber!", forderte sie die Mädchen fröhlich auf. „Dann könnt ihr Letty streicheln."

Das ließen die Mädchen sich nicht zweimal sagen. Jubelnd kletterten sie über den Zaun.

Sina streichelte über die helle Blesse auf Lettys Stirn.
Kim tätschelte den Hals des Ponys.
Nasra fuhr über die seidige Mähne.
„Das sind meine besten Freundinnen", sagte Emmy.
Das Pony schnaubte leise. Dann stupste es sanft gegen Emmys Wange.

„Aufwachen, meine Süße!", ertönte auf einmal Mamas Stimme.

Emmy schlug die Augen auf. „D-du bist ja gar nicht Letty", stammelte sie.
„Nein", sagte Mama. „Mein Name ist Bettina."

Emmy verzog die Mundwinkel zu einem Grinsen. „Und du bist auch kein Pony", sagte sie.

Mama strich Emmy zärtlich die störrische, dunkle Pony-locke aus der Stirn und guckte plötzlich ganz ernst.

„Tut mir leic̓, meine Süße, aber du hast wohl wieder nur geträumt."

„Ja", sagte Emmy leise.

Natürlich hatte sie kein eigenes Pony.

Früher hatte Letty Opa gehört.

Emmy war oft auf ihr geritten.

Aber dann war Opa

in ein Altenheim gekommen.

Deshalb hatte er Letty verkauft.

„Außerdem musst du jetzt aufstehen",

sagte Mama.

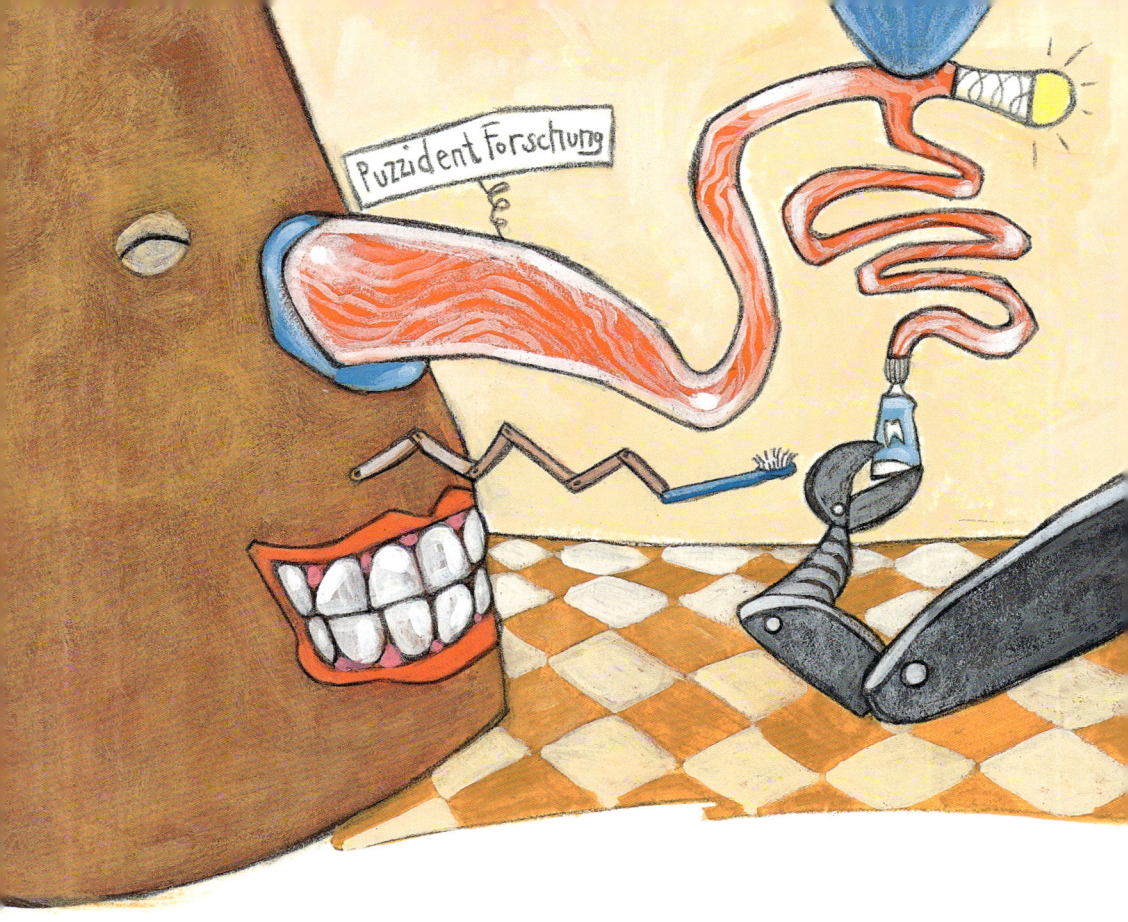

„Die Schule fängt bald an."

Die Schule – ach ja! Emmy hatte überhaupt keine Lust.
Eigentlich fand Emmy Schreiben, Lesen, Rechnen und Malen richtig toll. Es war ziemlich spannend zu erfahren, wie Wale, Hirsche oder Strauße lebten, welche Namen die einzelnen Pflanzen und Getreidesorten hatten oder wie eine Zahnpastatuben-Abfüllmaschine funktionierte.
Außerdem waren die meisten Lehrer total nett.
Wenn nur Sina, Nasra und Kim nicht wären!

Die waren nämlich total blöd.

Sie ärgerten Emmy.

Manchmal machten sie es

einfach bloß so.

Manchmal aber auch,

weil Emmy ein doofes T-Shirt anhatte.

Und manchmal,

weil Emmy nie Schlaghosen trug.

Emmy konnte Schlaghosen

nicht ausstehen.

Doofe T-Shirts mochte sie aber

noch viel weniger.

Kicherkirschen

Nachdem Mama aus dem Zimmer verschwunden war, schob Emmy die Bettdecke zur Seite.

„Du kannst heute nicht mit, Letty", flüsterte sie dem kleinen braunen Plüschpony zu, das Mama ihr zu ihrem achten Geburtstag geschenkt hatte. „Aber du darfst dafür solange auf meinem Kopfkissen schlafen."

Emmy drückte das Stoffpony gegen ihre Brust, strich über seine filzige Mähne und küsste seine helle Stirnblesse. Dann legte sie es auf ihr Kopfkissen und deckte es zärtlich mit der Bettdecke zu.

Anschließend schlüpfte Emmy in ihre Hausschuhe und schlurfte zu ihrem Schreibtisch hinüber. Hatte sie gestern Abend an alles gedacht? Vorsichtshalber öffnete sie den Ranzen und schaute noch einmal nach.

Die Lesefibel.

Der Sachkundehefter über Delfine.

Das Matheheft.

Federtasche. Lineal. Tuschkasten.

Ja, es schien alles drin zu sein.

Emmy machte den Ranzen wieder zu.

Es schnackte immer so schön, wenn die Verschlüsse einrasteten.

Nach dem Frühstück schlüpfte Emmy sofort in ihre Sneakers. Die erste Stunde begann um zehn vor acht. Wieder einmal hatte Emmy ein wenig getrödelt und deshalb hatte sie jetzt nur noch zehn Minuten für den Schulweg.

So wie fast jeden Morgen.

Aber das war überhaupt kein Problem.

Emmy würde einfach ein bisschen

schneller laufen.

Das war sowieso besser. Dann hörte Emmy nicht so genau, was die anderen über sie sagten.

Sina, Nasra und Kim kamen nämlich auch immer zu spät. Und die Jungs und Mädchen aus der Vierten sowieso. Die hatten sich mittlerweile einen richtigen Sport daraus gemacht. Wer zuletzt kam, hatte gewonnen!

Und wenn er es dann sogar noch schaffte, zwischen dem Gong und dem Lehrer in den Klassenraum zu schlüpfen, war er der King! Oder die Queen.

Das ist englisch

und heißt Königin.

Emmy lief schnell.

Schneller als sonst.

Zwischendurch hüpfte sie oder machte ein paar Seitwärtsüberkreuzschritte. Die hatte sie besonders gut drauf. Es ging wie der Blitz und ganz ohne Verhaspelei.

Sport war Emmys Lieblingsfach.

Auch wenn das noch keiner

so richtig gemerkt hatte.

Als Emmy am Bäcker vorbeilief, sah sie Sina, Nasra und Kim. Sie hatten einander untergehakt und gingen im Gleichschritt und wie richtige Fotomodelle mit wippenden Popos.

Sina trug eine Schlaghose extraweit, Nasra ein Glitzertop und Kim einen Minirock, der aussah wie ein Ballon. Ballonformen waren in diesem Sommer nämlich total in. Überall gab es Ballonröcke, Ballonhosen und Ballonblusen zu kaufen. Sina hatte sogar eine Ballonjacke, aber die zog sie nicht mehr an, weil zwei Mädchen aus der 1a genau die gleichen hatten.

„Pass auf, dass du nicht wegfliegst!", hörte Emmy Leo rufen. Er lief mit Max, Gregor und Emre ein Stück weiter rechts. Kim warf den Kopf in den Nacken und wackelte mit ihrem Ballonrockpopo.

Sie dachte nämlich, dass Leo in sie verliebt war. Das hatte sie vor ein paar Tagen zu Sina und Nasra gesagt, als Emmy in der Nähe stand.

„Und?", fragte Sina jetzt.

„Liebst du Leo auch?"

Kim nickte verschämt.

Dann wurde sie so rot wie eine Kirsche.

Nasra und Sina fingen an zu kichern.

Und dann lachten sie auf einmal

alle drei los.

Emmy fand es ziemlich peinlich, wie Nasra, Sina und Kim sich aufführten.

„Dumme Gänse!", rief Gregor, und Emre machte ein finsteres Gesicht.

Emmy sah, dass Leo ebenfalls knallrot geworden war und sich hastig wegdrehte. Sina, Nasra und Kim bogen sich vor Lachen. Sie konnten gar nicht mehr richtig laufen und ihre blöden Popos wackelten auch nicht mehr elegant hin und her. Emmy legte einen Zahn zu und rannte schnell an ihnen vorbei.

„He du!", rief Gregor hinter ihr.

Emmy beachtete ihn nicht.

Er meinte sowieso nicht sie.

Oder er würde eh nur was Blödes sagen.

Also rannte sie einfach weiter.

„Bleib doch mal stehen!", rief Gregor jetzt lauter und dann hörte Emmy trappelnde Füße. Viele Füße waren das, nicht nur Gregors. Nee, das waren mindestens sechs.
„Was rennst du denn so?", fragte Emre.
Jetzt blieb Emmy doch stehen. Emre sollte auf keinen Fall denken, dass sie auch eine dumme Gans war.

„Ja?", fragte Emmy.

Sie hatte mächtig Herzklopfen.

„Sind die in deiner Klasse?", fragte Gregor.

Er zeigte auf Sina, Nasra und Kim.

Die standen immer noch

an derselben Stelle

und sie lachten immer noch.

Und Leo war immer noch
ganz rot im Gesicht.
Emmy konnte Emre nicht angucken.
„Ja", sagte sie.

„Kannst du der mit den Sommersprossen was geben?",
fragte Emre.
Er hatte die Augen zusammengekniffen und blinzelte Emmy
gegen das Sonnenlicht an.
Nein, wollte Emmy eigentlich sagen. Doch statt dessen
fragte sie: „Was denn?"
„Einen Brief", sagte Emre. Er schob die Hand in seine
Hosentasche und wühlte darin herum. Schließlich zog er
einen winzig klein zusammengefalteten Zettel heraus und
hielt ihn Emmy hin. „Darfst ihn aber nicht lesen."

Emmy starrte auf den Brief. In ihrem Kopf kreiste alles wild durcheinander. Ein Brief von Emre an Kim. Dabei war doch Leo in sie verliebt. Oder nicht? Vielleicht fanden sie Kim ja alle toll. Leo, Gregor und Emre?

„Ich weiß nicht", stammelte Emmy. „Ich hab nicht so viel mit denen zu tun."

„Das macht nichts", sagte Gregor. „Du kannst den Brief ja in ihren Ranzen stecken. Heimlich natürlich."

Emmy holte tief Luft.

Sie überlegte.

Warum sollte sie das tun?

Sie konnte Kim nicht leiden.

Wieso sollte sie ihr

einen Liebesbrief von Emre geben?

Ausgerechnet von Emre!

„Okay", sagte Emmy.

Sie streckte Emre den Arm entgegen und öffnete ihre Hand. Sorgsam legte er den zusammengefalteten Zettel hinein. Dabei berührten seine Fingerspitzen Emmys Handfläche. Es war so ähnlich wie ein Stromschlag und sie zuckte richtig ein bisschen zusammen. Zum Glück merkte Emre davon aber nichts.

„Danke", sagte er. „Du bist echt nett."

Frau Wuchtig hat eine Idee

Echt nett! Echt nett! Echt nett! Wie ein Echo sprangen diese Wörter in Emmys Kopf hin und her. Bis zum Schulgebäude konnte sie nichts anderes mehr denken. Ob Emre es wohl ernst gemeint hatte? Vielleicht hätte sie ihm sagen sollen, dass sie ihn auch nett fand. Vielleicht hätten sie sich dann mal nachmittags zum Spielen treffen können. Vielleicht hätte er sie aber auch ausgelacht.

Die meisten Jungs spielten nicht mit Mädchen, weil sie sich nicht blamieren wollten. Es gab nur ganz wenige, denen das egal war.

Emmy wäre es auch egal gewesen. Nicht weil sowieso keiner mit ihr spielte. Weder Sina noch Nasra noch Kim noch sonst jemand.

Nein, einfach weil Emmy Emre nett fand.

Deshalb hätte sie gerne mal

mit ihm gespielt.

Und deshalb war es ihr auch egal,

wenn andere das blöd fanden.

Sollten sie doch!

Als Emmy den Klassenraum betrat, hatten Sina, Nasra und Kim ihre Köpfe zusammengesteckt und kicherten. Emmy ging zu ihrem Platz neben Timo, der sich mit Kevin schräg gegenüber ein Papierkügelchengefecht lieferte.

Emmy packte ihre Sachen aus und dann kam auch schon Frau Wuchtig. Sie war ihre Klassenlehrerin und sie hieß nicht nur so, sie war auch so. Wuchtig groß und wuchtig rund und wuchtig nett. Eben rundherum eine Wucht.

Emmy fand, dass sie die beste Klassenlehrerin war. Frau Wuchtig konnte tolle Geschichten erzählen. Ausgedachte und echte. Und sie wusste über alles Bescheid. Über Kühe, Staubsauger, Vergissmeinnicht.

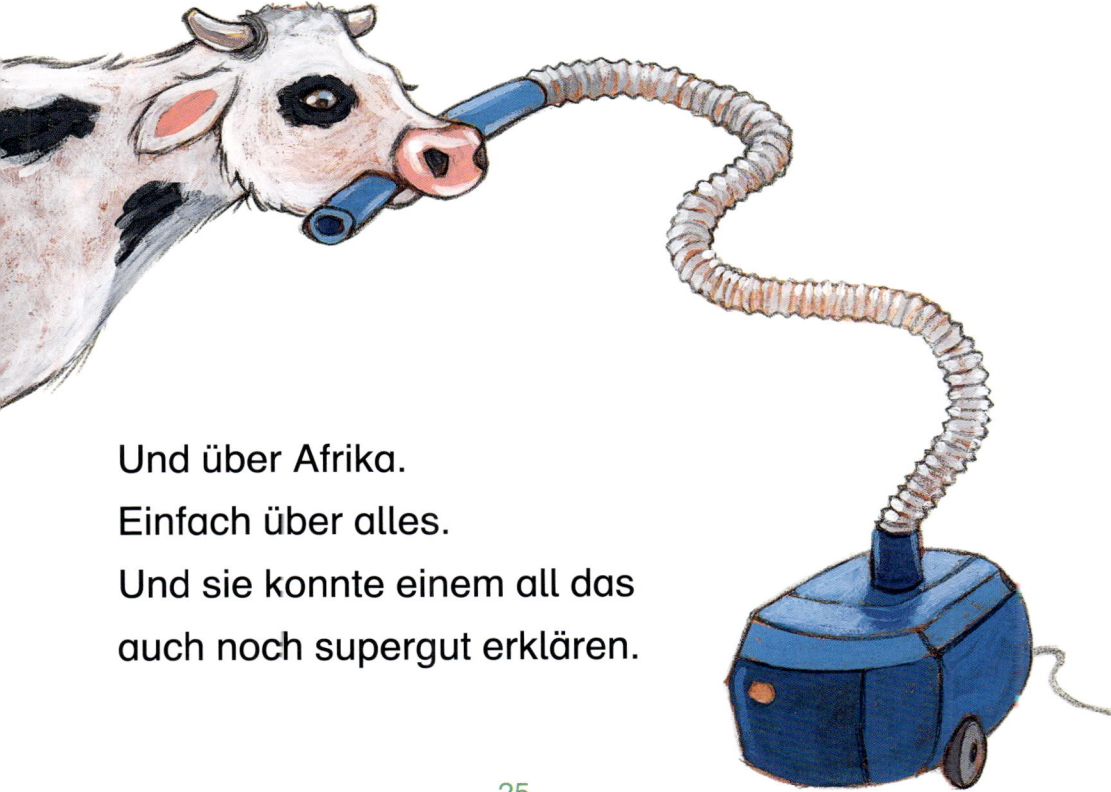

Und über Afrika.

Einfach über alles.

Und sie konnte einem all das

auch noch supergut erklären.

Auf Frau Wuchtigs Lehrertisch, ganz vorne an der Ecke, lag ein kleines Glöckchen. Sobald die Klassenlehrerin es aufnahm und damit läutete, waren alle sofort still. Dann wussten sie, dass sie ihnen etwas Wichtiges zu sagen hatte.

Heute läutete Frau Wuchtigs Glöckchen bereits vor der Begrüßung.

„Entschuldigung", sagte die Klassenlehrerin. „Aber ich bin so schrecklich aufgeregt."

„Warum denn, Frau Wuchtig?", rief Anton.

Timo und Kevin sammelten schnell ihre Papierkügelchen ein und starrten ihre Klassenlehrerin gespannt an.

„Weil das Wetter so schön ist", sagte Frau Wuchtig. „Und weil wir hier drinnen rumsitzen und trockenes Bücherpapier angucken."

„Tu ich doch gar nicht!", rief Sina.

„Ich hab noch gar nix ausgepackt."

„Sehr gut!", lobte Frau Wuchtig.

„Ich packe heute auch nix aus."

Kevin und Anton warfen ihre Arme in die Luft und jubelten. „Hurra!"

„Aber was machen wir denn dann?", fragte Kim.

„Tjaaa …", sagte Frau Wuchtig. Sie legte den Finger an ihre Nasenspitze und blickte sich in der Klasse um.

Nasra und Sina, Anton und Timo fingen an, unruhig auf ihren Stühlen herumzurutschen.

„Jetzt sagen Sie schon!",

rief Kevin.

„Sonst platze ich."

„Na, das will ich aber auf keinen Fall riskieren", erwiderte
die Klassenlehrerin grinsend. „Die armen Putzfrauen, die
das sauber machen müssen! Außerdem würden wir dich
schrecklich vermissen."
„Echt?", sagte Kevin und bekam glühend rote Ohren.
„Echt", sagte Frau Wuchtig. „Und deshalb sage ich euch
jetzt mal ganz schnell, was ich mir überlegt habe." Ihre
Mundwinkel bogen sich nach oben. Für ein paar Sekunden
wurde es noch einmal knisterspannend, dann breitete Frau
Wuchtig die Arme aus und rief: „Wir machen einen Ausflug. Den ganzen Tag. Bis heute Abend."

„Das geht nicht!", rief Anton.
„Ich muss doch nach Hause
zum Mittagessen."
Die anderen nickten.

„Ich auch", sagte Nasra.
„Wenn ich nicht heimkomme,
macht Mama sich Sorgen."
„Das wollen wir aber nicht",
sagte Frau Wuchtig.
Auf einmal guckte sie sehr streng.

Und alle Kinder in der Klasse hielten den Atem an. Emmy spürte, wie ihr Herz klopfte. Bestimmt hatte Frau Wuchtig nur Spaß gemacht. Ein Schulausflug, der einen ganzen Tag dauerte, musste genau geplant werden. Mindestens eine Woche vor dem Ausflug mussten die Eltern Zettel bekommen, auf denen punktgenau geschrieben stand, was die Lehrer mit ihnen vorhatten. Außerdem wie viel Taschengeld angebracht war, was sie zum Essen benötigten und ob die Kinder Wanderschuhe oder Gummistiefel tragen oder gar einen Badeanzug mitbringen sollten. Diese Zettel mussten von den Eltern unterschrieben werden. Erst dann konnte der Ausflug starten.

„Wir können ja nicht verhungern",
sagte Emmy.
„Nee, das können wir auf keinen Fall",
sagte Frau Wuchtig.

Nasra und Sina fingen an zu kichern.
Kim guckte ihre Freundinnen an
und kicherte dann auch.
Plötzlich war Emmy wütend.

Emres Brief würde sie Kim jetzt doch nicht geben. Auf gar keinen Fall!

„Und deshalb habe ich heute Morgen eure Eltern angerufen", sagte Frau Wuchtig. „Und stellt euch vor, sie waren sofort einverstanden."

„Womit?", fragte Anton.

„Na, dass wir einen Ausflug machen. Bis heute Abend", erwiderte die Klassenlehrerin. „Also, packt bitte eure Sachen weg."

„Aber das geht doch nicht", sagte Emmy.

So viele Überraschungen an einem einzigen Vormittag verkraftete sie einfach nicht. Zuerst Emres Brief für Kim und jetzt auch noch dieser Ausflug. Emmy hatte es noch nie leiden können, wenn sie mit der Klasse irgendwohin fuhren. Weil sie dann nicht auf ihrem Platz neben Timo sitzen konnte, sondern alleine im Bus hockte. Weil nie irgendjemand etwas von ihr wissen wollte und Sina, Nasra und Kim immer mit ihren hochmodischen Klamotten angaben und Emmy abfällige Blicke zuwarfen.

„Mir ist schlecht", sagte Emmy, ohne sich zu melden.

„Was?" Frau Wuchtig zog ein entsetztes Gesicht. „Ausgerechnet jetzt?"

Emmy zuckte die Schultern. „Was kann ich denn dafür?", sagte sie leise.

Eine Fahrt ins Blaue

„Das ist bestimmt die Aufregung", sagte Frau Wuchtig, nachdem sie Emmy die Stirn und den Puls gefühlt hatte. „Wenn Ausflüge so plötzlich kommen, kann das schon mal passieren."

„Och die!", rief Anton. „Die ist doch sowieso 'ne Mimose in der Hose."

„Genau!", sagte Nasra.

„Die stellt sich immer so an."

Frau Wuchtig stemmte die Hände auf die Hüften und blickte Anton scharf an.

„Eine Mimose, so, so", sagte sie. „Weißt du überhaupt, was das ist?"

„Nö", sagte Anton und guckte ein bisschen verlegen.

„Auf jeden Fall hat man sie nicht in der Hose", klärte ihn seine Klassenlehrerin auf. „Alles Weitere schlägst du bitte im Lexikon nach. Bis übermorgen machst du eine

schriftliche Beschreibung. Wir sind sehr gespannt, was du über Mimosen herausfindest."

„Aber ich weiß, was das ist", sagte Nasra. „Mimosen sind …"

„Klapppe!", sagte Frau Wuchtig. „Das hab ich jetzt extra mit drei Pes gesagt, damit es möglichst schnell wirkt", fügte sie als Erklärung hinzu. „Schließlich soll Anton das Wort beschreiben und nicht du."

Nasra zog eine Schnute.

„Wenn ich es aber doch weiß",

sagte sie und guckte beleidigt.

„Oh, du kannst etwas anderes tun",

sagte Frau Wuchtig.

Nasras Miene hellte sich auf.

„Was denn?", fragte sie aufgeregt.

„Dich entschuldigen", sagte Frau Wuchtig.

„W-was?", stammelte Nasra.

Auf einmal war sie ganz weiß im Gesicht.

„Nicht was, sondern bei wem und wofür?", betonte die Klassenlehrerin. „Aber das weißt du ja bestimmt auch."

Jetzt wechselte Nasras Gesichtsfarbe von Weiß zu Rot. Sie zog den Kopf ein und schaute ganz beschämt zu Emmy hinüber.

„Schon gut", sagte Emmy. Jetzt tat ihr Nasra leid. Aber Emres Brief würde Kim trotzdem nicht bekommen.

„Geht es dir wieder besser?",
fragte Frau Wuchtig.
Emmy nickte.
„Wo fahren wir denn hin?",
wollte sie wissen.

„Ins Blaue", sagte Frau Wuchtig.
„Und wo ist das?", fragte Timo.
„Das weiß ich auch nicht",
sagte Frau Wuchtig fröhlich.

Eine Viertelstunde später stieg die ganze Klasse in einen großen Reisebus, der auf dem Schulhof geparkt hatte. Es stellte sich heraus, dass nicht nur sie, sondern auch Emres Klasse einen Ausflug ins Blaue machen wollte. Außer ihren Klassenlehrern, Herrn Maisfeld und Frau Wuchtig, kamen noch zwei weitere Lehrer mit auf die Reise: Frau Biber und Frau Käseblatt, die nur stundenweise an der Schule unterrichteten und an diesem Tag eigentlich freigehabt hätten.

„Ich wollte immer schon mal eine Fahrt ins Blaue machen", sagte Frau Käseblatt, die blonde Kringelhaare hatte und eine weite türkisblaue Flatterbluse trug. „Am liebsten ans Meer."

„Oder in die Berge!", rief Herr Maisfeld.

„Ich liebe die Berge!"

„Aber da ist es doch nicht blau",

sagte Anton.

„Doch", sagte Herr Maisfeld.

„Der Himmel."

Stimmt, dachte Emmy.

Der Himmel war überall blau.

Zumindest an einem so schönen Tag

wie diesem.

Wie immer saß Emmy allein. Die Klasse von Herrn Maisfeld hatte sich auf der gegenüberliegenden Seite verteilt.
Emmy konnte Emres schwarze Locken über der Rücken-
lehne hervorblitzen sehen.
Dann fuhr der Bus an und Emmy schloss die Augen. Ihr
war wirklich ein bisschen schlecht, aber sie versuchte, an
etwas anderes zu denken als an das dumpfe Gefühl in ihrer
Magengegend. Sie stellte sich vor, dass sie auf einen Bauern-
hof fuhren. Dort gab es Tiere, vielleicht sogar eine Pferdekoppel. Emmy würde einfach den ganzen Tag am Zaun stehen und die Pferde betrachten.

Vielleicht ließ sich sogar eines streicheln. Mit ein bisschen Glück sah es aus wie Letty. Braun mit einer hellen Blesse auf der Stirn. Mehr wünschte Emmy sich gar nicht.

Dann würde sie auch Sina,
Nasra und Kim vergessen.
Diesen blöden Liebesbrief.
Und Emre.

„He, du!", zischte Emre.
„Bist du eingeschlafen?"

Emmy zuckte zusammen. Sie riss die Augen auf und starrte in Emres schwarze Augen. Er saß direkt neben ihr. Rasch setzte sie sich gerade hin und schüttelte den Kopf.

„Mir ist nicht gut", sagte sie.

„Oh", sagte Emre. „Willst du einen Kaugummi? Die helfen manchmal."

Er zog eine zusammengeknautschte Packung Kaudrops aus seiner Hosentasche.

„Ich weiß, sie sehen nicht mehr so gut aus", sagte Emre verlegen.

„Egal", sagte Emmy.

Sie nahm die Packung, drückte eines der eckigen Drops heraus und schob es sich in den Mund. Ganz bestimmt würde es ihr helfen.

Allein schon deswegen, weil es von Emre war.

„Hast du Kim den Brief zugesteckt?",

fragte er leise.

Emmy schüttelte den Kopf.

Hoffentlich war er jetzt nicht enttäuscht.

„Blöd", sagte Emre.

„Es ging nicht", sagte Emmy.

Emre nickte.

„Schon gut", sagte er und lächelte.

Vom Wald verschluckt?

Nach einer Weile bog der Bus von der Straße ab und ratterte über einen holprigen Feldweg. Emmy reckte den Kopf nach allen Seiten und versuchte auszumachen, ob es irgendwo etwas Besonderes zu sehen gab. Emre saß schon längst nicht mehr neben ihr.

„Sind wir schon da?", rief Nasra.

„Ist hier das Blaue?", wollte Leo wissen, schlug sich auf die Schenkel und lachte sich krumm und schief.

Kim sah zu ihm hin und lachte ebenfalls.

Dann stoppte der Bus
und der Fahrer stellte
den Motor aus.
„Juhuuu!", jubelten Anton und Kevin
im Chor.
„Wir sind da!"

Sofort sprangen alle von ihren Sitzen auf, drängten sich zu den Fenstern und drückten sich an den Scheiben die Nasen platt.

„Ich seh nur Bäume!", rief Mumahd. „Und Blumen, und Blätter und Gras."

„Stimmt", sagte Sina. „Alles total grün hier."

„Bloß der Himmel ist blau", stellte Nasra fest.

Es klang ein bisschen enttäuscht.

„Und was gibt es hier sonst noch so?", wollte Timo wissen. „Einen Freizeitpark oder eine Gokart-Bahn vielleicht?"

„Ganz bestimmt nicht", sagte Herr Maisfeld, der sich wie die anderen Lehrer inzwischen ebenfalls erhoben hatte und nun nach seiner Windjacke griff. „So, und jetzt steigt bitte erst einmal alle aus. Dann sehen wir weiter."

Plötzlich redeten alle durcheinander.

„Macht mal Platz da!", rief Leo.

Jeder wollte zuerst an der Tür sein.

Es herrschte ein fürchterliches Gedränge.

Schließlich standen sie alle draußen auf einem kleinen Platz und blinzelten gegen die Sonne. Der Fahrer hatte eine große Klappe an der Seite des Busses geöffnet. Dahinter befand sich ein großer Laderaum. Der Fahrer beugte sich hinein und holte einen Rucksack nach dem anderen heraus.

„Was ist das denn?", wunderte Emre sich. „Wir hatten doch gar nichts dabei."

„Das ist euer Proviant", sagte Frau Wuchtig. „Es ist eine Spende des Busunternehmers."

„Das ist aber nett", platzte Emmy heraus.

Sie öffnete ihren Rucksack und spähte hinein. Er war prall gefüllt mit Sandwichs, kleinen Würstchen, Pizzasnacks, Naschis und einer großen Flasche Apfelschorle.

„Das ist aber nett!", äffte Nasra Emmy im Babytonfall nach.

„Dädädä!"
Emmy schoss die Hitze in den Kopf. Hatte Nasra denn immer noch nicht genug? Wenn sie nicht aufpasste, bekam sie von den Lehrern noch eine schlimmere Strafe aufgebrummt.

„Also, ich finde es auch nett",

sagte Emre

und schulterte seinen Rucksack.

Die Lehrer standen etwas abseits beieinander und berieten. Deshalb hatten sie Nasras dumme Nachahme auch nicht bemerkt.
„Und? Wie geht es jetzt weiter?", fragte Timo ungeduldig.
„Wir müssen durch den Wald da", sagte Herr Maisfeld.
Er deutete auf die dunklen Tannen auf der gegenüberliegenden Straßenseite.

„Oh, cool!", rief Leo.

Er und ein paar andere Jungs

rannten sofort los.

„Stopp!", rief Frau Käseblatt.

Aber die Jungs hörten nicht.

„Gleich sind sie weg", sagte Kim.

Sie guckte besorgt.

„Dann müssen wir jetzt ganz schnell hinterher", sagte Frau Wuchtig.

Nasra, Kim und Sina wollten losstürzen.

„Nix da!", rief Frau Biber und stellte sich den Mädchen mit ausgebreiteten Armen in den Weg. „Es reicht völlig, wenn wir die Jungs suchen müssen."

Sina, Kim und Nasra stöhnten und verdrehten die Augen. Aber es half nichts. Alle Kinder mussten sich zu zweit zusammenstellen und einmal durchzählen. Sie kamen bis einunddreißig.

„Es fehlen also fünf", schlussfolgerte Herr Maisfeld.

Frau Wuchtig nickte.

„Na, dann mal los!", rief sie.

Sofort setzte sich der Trupp in Bewegung.

Kevin ging neben Timo.

Sina schlang ihren Arm um Nasra.

Anton lief mit Hannes und Bea mit Henrike.

Jeder hatte einen Partner.

Bloß Kim ging allein.

Emre lief nämlich neben Emmy her.

Gregor und Leo waren ja

in den Wald gelaufen.

Hinter Emmy und Emre kicherten welche, aber zum Glück sagten sie nichts Blödes.

Der Wald roch nach Erde und nach Tannennadeln. Herr Maisfeld fand einen schmalen Weg, der sich durch die dunklen Tannen schlängelte. Langsam stapften sie voran. Zwischen den Kindern liefen Frau Biber und Frau Käseblatt und ganz zum Schluss folgte Frau Wuchtig.

Ab und zu blieb Herr Maisfeld stehen, legte mahnend seinen Zeigefinger an die Lippen und lauschte in den Wald hinein.

Es gab viele Geräusche.

Ein seltsames Dröhnen.

Vogelgezwitscher.

Irgendwo klopfte ein Specht.

Dann ertönte ein lautes Krachen.

„Was war das?", wisperte Emmy.

„Vielleicht zwei Hirsche, die ihre Geweihe gegeneinander-
schlagen", raunte Emre ihr zu.

Emmy machte große Augen. „Echt?", fragte sie und Emre
nickte.

„Glaub schon", meinte er.

Herr Maisfeld und Frau Biber formten ihre Hände zu Trich-
tern und dann riefen sie im Chor:

„Leoooo! Gregooor! Bastiiiii! Pauhaul! Muuumaaahd!"

„Fünf Jungs", murmelte Emmy. „Fünf sind verschwunden."
Emre nickte.

„Die sind alle in meiner Klasse, die Torfköppe!", schimpfte er.

„Und Leo und Gregor sind sogar noch deine Freunde",
sagte Emmy.

Emre guckte besorgt. „Hoffentlich ist ihnen nichts passiert."

Ein langer Marsch

„Hoffentlich ist ihnen nichts passiert",
sagte auch Frau Wuchtig.
Herr Maisfeld lauschte noch einmal
in den Wald.

Er schüttelte den Kopf.
„Ich hör nichts", sagte er.
Da ertönte ein leises Knacken.

Und plötzlich brachen Leo, Gregor, Basti, Mumahd und
Paul laut johlend zwischen den Tannen hervor. Frau Käseblatt kreischte vor Schreck. Frau Wuchtig und Frau Biber
schimpften. Herr Maisfeld kniff die Augen zusammen. Er
senkte den Kopf und lief wie eine qualmende Dampfwalze
auf die Jungen zu. Als Erstes erwischte er Basti am Arm,
danach Leo.
„Ihr Wahnsinnigen!", donnerte er. „Was glaubt ihr eigentlich, was euch alles hätte passieren können!"
„N-nichts", stammelte Leo.
„Genau!", rief Mumahd. „Wir waren die ganze Zeit direkt
hinter den Tannen. Sie haben uns nur nicht gesehen."
„Es hätte uns gar nichts passieren können", verteidigte sich
nun auch Paul. „Wir hatten Sie doch die ganze Zeit im
Blick."

„Umgekehrt wäre es mir lieber gewesen", erwiderte Herr Maisfeld. Seine Stimme klang allerdings wieder etwas sanfter. „Wenn ich euch im Blick gehabt hätte, wäre das Ganze nicht so strapaziös für meine Nerven gewesen."

„Tut mir leid", sagte Paul. „Echt."
Er senkte den Kopf.
Er konnte Herrn Maisfeld
gar nicht mehr angucken.

Leo, Mumahd, Gregor und Basti nickten.
„Uns tut es auch leid", sagten sie.
„Wir haben nicht drüber nachgedacht."

„Also gut", erwiderte Herr Maisfeld. „Ich hoffe, dass ihr den Rest des Tages mit eingeschaltetem Gehirn verbringt. Damit so etwas nicht mehr vorkommt."

Leo, Mumahd, Gregor, Paul und Basti nickten eifrig.

Sie versprachen es hoch und heilig.

„Wunderbar!", freute sich Frau Käseblatt, und Frau Wuchtig klatschte in die Hände.

„Und nun alle Mann weitermarschiert!", rief sie. „Ich bin so schrecklich gespannt, wohin uns das Blaue noch führen wird."

Plappernd und kichernd setzte sich der Trupp wieder in Bewegung. Zunächst ging es noch eine ganze Weile den schmalen Weg zwischen den Tannen entlang. Die strenge Zweierriege hatte sich aufgelöst. Inzwischen lief Kim neben Sina und Nasra her und Emre hatte sich ebenfalls zu seinen Freunden gesellt. Emmy ging wieder allein. Aber das machte ihr nichts aus. Genüsslich atmete sie den würzigen Duft der Tannennadeln ein.

Sie lauschte dem Klopfen des Spechts
und dem lustigen Vogelgezwitscher.
Emmy sah sogar ein Eichhörnchen,
das von einem Baum
auf den nächsten huschte.

Kurz darauf mischten sich die Tannen mit Birken, Eichen
und Erlen. Der Wald wurde allmählich lichter und der Weg
ein wenig breiter. Schon bald führte er einen sanften Hügel
hinauf. Die Sonnenstrahlen schimmerten durch die Baum-
kronen und warfen die Schatten der Blätterdächer auf den
Waldboden. Hier oben gab es viele Büsche, Farne und Bee-
rensträucher, die aber leider nur winzige grüne, unreife
Früchte trugen.

„Ist es noch weit?", fragte Anton. „Meine Füße sind schon ganz platt."
„Den Hügel müssen wir noch runter", sagte Frau Biber.

„Und dann?", fragte Nasra ungeduldig.

„Dann lassen wir uns überraschen",

sagte Frau Wuchtig.

Den Hügel runter ging es viel schneller.

Unten war ein Bach.

Er war schmal.

„Aber die Böschung ist sehr steil",

warnte Herr Maisfeld.

Ein Stück weiter links entdeckten sie eine Brücke, die auf die andere Seite führte. Nur wenige Meter daneben war eine mächtige Tanne umgestürzt.
Wie eine zweite Brücke reichte auch sie von einem Ufer zum anderem.

Auf der gegenüberliegenden Seite ragten ihre Wurzeln bis hoch in den Himmel. Unterhalb des Stammes hingen einige bis den Bach hinein und wiegten sich sanft in der Strömung.

„Ich klettere da rüber!", rief Kevin und rannte auf die Tanne zu.

„Stehen geblieben!", rief Frau Wuchtig. „Wir gehen alle über die Brücke."

„Aber ich will …", jaulte Kevin los.

„Nix da!" Herr Maisfeld fuchtelte mit dem Zeigefinger in der Luft herum. „Oder hat hier etwa jemand sein Gehirn nicht eingeschaltet?"

Kevin bekam knallrote Wangen.

„D-doch", stammelte er.

„I-ich eigentlich schon."

„Na gut", sagte Herr Maisfeld.

„Dann habe ich mich wohl getäuscht."

Er winkte Kevin zu sich heran, und dann musste er als Erster über die Brücke gehen. Herr Maisfeld folgte ihm dicht auf den Fersen.

Dahinter erst gingen alle anderen.

Auf der anderen Seite öffnete sich der Wald, und sie gelangten auf eine große Wiese, in deren Mitte ein hübscher kleiner See lag. Er war rundherum mit Schilf umwachsen.

„Können wir da baden?", fragte Anton aufgeregt.

„Vielleicht", erwiderte Frau Biber. Sie reckte sich auf die Zehenspitzen und beschirmte ihre Augen mit der Hand. „Mal sehen, ob wir so etwas wie eine Badebucht finden."

„Aber wir haben doch überhaupt kein Schwimmzeug dabei!", rief Sina.

Emmy nickte stumm. Ja, das war wirklich zu schade. Schwimmen war nämlich ihre große Leidenschaft. Aber außer ihr und Mama und Papa wusste das natürlich keiner. Ach, hätten sie diesen Ausflug doch besser geplant! So eine plötzliche Fahrt ins Blaue hatte doch viele Nachteile.

„Hier!", schrie Henrike.

„Hier ist eine Bucht!"

Tatsächlich!

Henrike und Bea hatten eine Stelle gefunden, an der kein Schilf wuchs. Es gab ein breites Stück sandiges Ufer, das sanft in den See hineinführte.

Ein erfrischendes Bad

Hannes riss sich

die Schuhe von den Füßen.

Er stürzte ins Wasser.

„Ist total warm!", rief er.

Frau Wuchtig holte eine Decke

aus ihrem Rucksack

und breitete sie aus.

„Guckt mal in eure Rucksäcke", sagte sie.

„Aber das haben wir doch schon", murmelte Emmy. Da war doch nichts weiter als Proviant drin gewesen.
Trotzdem ließ sie sich wie alle anderen auch ins Gras fallen, öffnete ihren Rucksack und holte die Saftflasche, die Brote und die Naschis heraus. Da berührten ihre Finger etwas Weiches. Emmy packte es und zog es heraus. Es war ein Handtuch! Darunter fand sie einen roten Badeanzug mit blauen Herzchen drauf. – Oh Gott, wie peinlich!

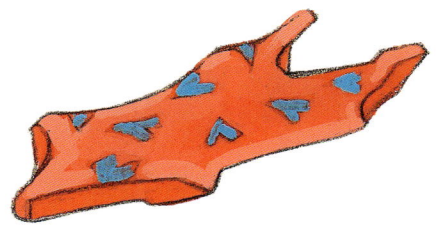

„Was ist das denn?", kreischte Leo.

Er hielt einen rosa Bikini

in die Luft.

„Toll!", lachte Paul.

„Der steht dir bestimmt gut."

„Ich hab eine Badehose", sagte Kim.

Sie guckte Leo an.

„Dann müssen wir tauschen", sagte er.

Leo lief zu Kim hinüber und warf ihr den Bikini vor die Füße.

„Hier", sagte sie und hielt ihm schwarze Boxershorts hin. „Die steht dir bestimmt noch besser."

Leo starrte Kim an. „D-du siehst t-toll aus", sagte er. „Auch ohne Bikini."

Kevin bekam einen Lachkrampf.

Er fiel hintenüber ins Gras und strampelte mit seinen Beinen in der Luft herum.

Verstohlen blickte Emmy zu Emre. Ob der jetzt wohl wütend auf Leo war? Doch erstaunlicherweise beachtete er seinen Freund und Kim überhaupt nicht. Vielleicht hat er es gar nicht gehört, dachte Emmy. – Ja, so musste es sein.

Fünf Minuten später

waren alle im Wasser.

Nur Emmy hockte noch im Gras.

Sie konnte den Badeanzug nicht anziehen.

Nicht mit diesen Herzen drauf.

Alle würden sie auslachen.

Todsicher!

„Hast du keine Lust zu schwimmen?", fragte Frau Wuchtig. Emmy schüttelte den Kopf. „Nicht so doll."

„Ist dir denn immer noch schlecht?", fragte die Klassenlehrerin besorgt.

„Nee", sagte Emmy. „Es ist schon viel besser als heute Morgen. Aber schwimmen mag ich trotzdem nicht."

Frau Wuchtig nickte verständnisvoll. Bestimmt dachte sie jetzt, dass Emmy gar nicht schwimmen konnte. Aber das war ihr egal. Es war Emmy ohnehin lieber, wenn sie nicht so auffiel. Da konnte auch keiner was Blödes über sie sagen.

„Warum gehst du nicht einfach mal da rüber zur Pferdekoppel?", schlug Frau Wuchtig vor. Sie blinzelte gegen die Sonne und deutete auf die andere Seite des Sees.

„Ist da denn eine?",

fragte Emmy verwundert.

Es war ihr gar nicht aufgefallen.

Die Lehrerin nickte.

„Ja, da ist eine. Das weiß ich genau."

Emmy rappelte sich auf die Füße und machte sich auf den Weg. Als sie den See fast umrundet hatte, sah sie sie, die Pferdekoppel. Sie war nicht besonders groß und von einem niedrigen Zaun umgeben. Mitten darauf stand ein Apfelbaum und darunter weideten drei Pferde: zwei ausgewachsene schwarze Stuten und ein kleines braunes Pony mit einer hellen Blesse auf der Stirn.

Emmy stockte der Atem.

„Letty", murmelte sie.

Das war ja wie in ihrem Traum.

Ihre Finger umfassten den Zaun.

Ihr Herz klopfte wild.

„Komm doch mal her", rief sie. „Letty!"

Das Pony hob den Kopf und schaute zu ihr rüber.
„Letty", murmelte Emmy. „Das gibt es doch gar nicht."
Langsam kletterte sie über den Zaun und ging dem Pony
mit ausgestreckter Hand entgegen. Ihre Beine waren so
weich wie Kaugummi und ihre Knie zitterten wie verrückt.
Zu dumm aber auch, dass Emmy nichts dabeihatte.

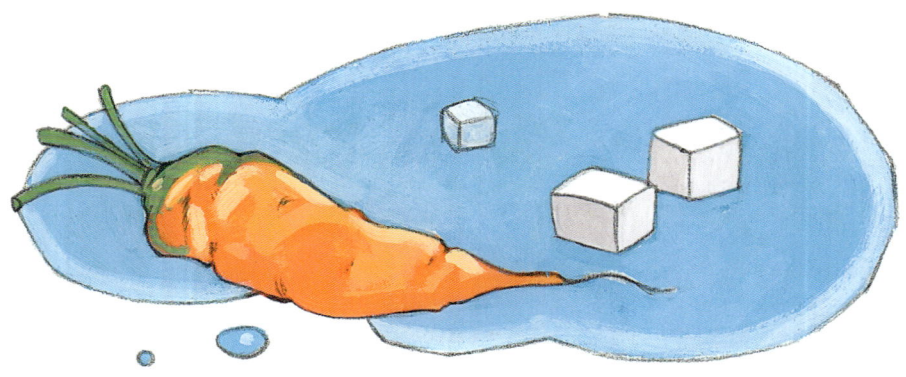

Kein Zuckerstück.

Keine Möhre.

Gar nichts.

Das Pony stellte die Ohren auf.

Es schnaubte leise.

Dann kam es auf Emmy zugetrabt.

Ein verbotener Ritt

Emmy blieb wie angewurzelt stehen. Das Pony wurde immer schneller. Hoffentlich würde es sie nicht über den Haufen rennen.

Emmy hätte eben nicht über den Zaun klettern sollen. So etwas machte man nicht auf einer fremden Koppel, auf der lauter Pferde grasten, die man nicht kannte. Das wusste Emmy doch! Aber das Pony war ihr so vertraut vorgekommen. Und es hatte auf sie gehört. So als ob es tatsächlich Letty wäre.

„Letty", murmelte Emmy.

Mutig streckte sie ihre Hand aus.

Plötzlich blieb das Pony stehen.

Es schnupperte an Emmys Fingern.

Sanft pustete es in ihre Hand.

Sein Atem war so wohlig warm

und seine Lippen so weich wie Samt.

Emmy gluckste leise.

„Hey!", hörte sie auf einmal eine aufgeregte Stimme rufen. „Kommt mal alle her! Da hinten ist eine Koppel. Und da sind Pferde."

Emmy drehte sich um. Nasra, Sina und Kim kamen herbeigelaufen. Sie trugen noch ihre Badeanzüge und ihre Haare waren klatschnass.

„Was machst du denn da?", rief Sina.
„Man darf nicht auf fremde Koppeln!", rief Nasra.
„Das sag ich Frau Wuchtig."

Petze!, dachte Emmy wütend.

Wenn Frau Wuchtig

sie auf der Koppel sah,

war sie bestimmt sauer.

„Lasst sie doch", sagte Kim.

„Die soll mal reiten!", rief sie dann.

„Das traut die sich doch nicht", sagte Sina.

„Feiges Huhn!", brüllte Nasra.

„Kann nix. Traut sich nix."

Unschlüssig blickte Emmy die Mädchen an. Natürlich traute sie sich, auf dem Pony zu reiten. Aber sie wollte keinen Ärger mit ihrer Klassenlehrerin bekommen. Deshalb schüttelte sie den Kopf.

„Man darf nicht einfach auf fremden Pferden reiten", sagte sie.

Ihre Stimme zitterte ein bisschen.

Egal, dachte Emmy. Ganz egal. Sina, Nasra und Kim waren sowieso blöd. Sollten sie doch denken, was sie wollten. Sollten sie lachen und sie verhöhnen. Das war sie doch schon gewohnt.

„Feiges Huhn!", brüllte Sina.

Ein Stich ging durch Emmys Herz.

Es war ihr eben doch nicht egal.

„Sie traut sich ja nicht mal

auf das Pony!", schrie Kim.

Plötzlich stand sie auch auf der Koppel.

„Ich kann reiten", prahlte sie.

„Ich reite auf den wildesten Pferden."

Beherzt ging sie auf die beiden schwarzen Stuten zu.

„Nein!", rief Emmy entsetzt. „Bitte, Kim, das darfst du

nicht. Das ist doch viel zu gefährlich. Nimm lieber das Pony!"

Die Stuten waren groß und sie hatten keinen Sattel. Emmy versuchte, sich zu beruhigen. Bestimmt kam Kim sowieso nicht hinauf. Mit angehaltenem Atem sah sie zu, wie ihre Klassenkameradin den Hals einer der beiden Stuten umschlang. Mit einem kräftigen Sprung drückte Kim sich vom Boden ab, schleuderte ihre Beine nach oben und zog sich ächzend auf den Rücken des schwarzen Pferdes hinauf.

Die Stute stand ganz still.

Doch plötzlich wieherte sie laut.

Sie bäumte sich auf.

Und dann raste sie los.

Kim schrie.

Panisch krallte sie sich an dem Hals des Pferdes fest, das, wie vom wilden Affen gebissen, auf den Zaun zugaloppierte.
„Hilfe!", brüllten Nasra und Sina aus vollem Hals. „Hilfe! Frau Wuchtig! Herr Maisfeld!" Sie rannten auf den See zu.
Bis die hier sind, dachte Emmy, da vergingen ja Ewigkeiten. Sie musste etwas tun! Aber was?
Die Stute war nur noch wenige Meter vom Zaun entfernt. Jetzt setzte sie zum Sprung an.
„Mamaaaaa!", kreischte Kim.
Die Stute flog über den Zaun und galoppierte weiter in Richtung Wald.

Ein tiefer Sturz

Der Bach!, durchzuckte es Emmy.

Da ging es nicht weiter.

Da würde das Pferd stehen bleiben.

Hoffentlich!

Emmy musste schnell hinterher.

Aber wie?

Emily blickte sich um.

Da bemerkte sie das Tor. Es war nur wenige Schritte von ihr entfernt im Zaun. Fast genau an der Stelle, an der die Stute hinübergesprungen war. Dahinter stand das Pony. Neugierig war es herangetrabt und drehte seine Ohren vor und zurück.

Mit zitternden Fingern schob Emmy den Riegel zurück und öffnete das Tor.

„Letty", sagte sie leise. „Komm her."

Sie ging auf das Pony zu und strich ihm sanft über den Hals. „Wir müssen zum Bach", sagte sie, fasste in die Mähne und schwang sich auf seinen Rücken.

Es fühlte sich gut an. Ganz warm und weich und seidig. Und so vertraut! Emmy kam es beinahe so vor, als ob sie auf dem Rücken der echten Letty saß.

„Los!", rief Emmy. „Hüah!"
Sie drückte ihre Waden
gegen den Bauch des Ponys.
Da lief es los.
Genauso wie Opas Letty
es immer getan hatte.

„Schneller!", rief Emmy.
Sie hielt sich in der Mähne fest.
Es war genauso wie früher.
Bloß ohne Zügel und ohne Sattel.

Emmy galoppierte am See vorbei. Sie sah die Kinder und Lehrer winken und hopsen und schreien.

„Seid ihr wahnsinnig geworden!", brüllte Herr Maisfeld. „Emmy! Sofort stehen bleiben."

Wild fuchtelnd rannten er, Frau Wuchtig, Frau Käseblatt und Frau Biber hinter ihr her. Sie waren bestimmt stinkesauer. Aber das war Emmy egal. Was hätte sie denn tun sollen? Einfach zugucken? – Nein!

In der Ferne sah sie die Stute, die immer noch rannte. Und Kim saß auch noch immer auf ihrem Rücken. Ein Glück!

„Lauf schneller!", trieb Emmy das Pony an und allmählich holten sie die Stute ein. Sie war nur noch wenige Meter entfernt. Emmy sah die Brücke, die über den Bach führte und die umgestürzte Tanne.

Hoffentlich rennt sie nicht

über die Brücke!, dachte Emmy.

Aber nein!

Plötzlich stoppte die Stute.

Kim schrie – dann fiel sie herunter.

Sie fiel herunter und – verschwand.

Emmy stockte fast das Herz.

„Hüa!", rief sie. „Lauf, Letty. Lauf!"

Noch fester krallte Emmy ihre Finger in die Mähne, und sie klopfte nun kräftig mit den Fersen gegen den Leib des Ponys. Aus der Ferne hörte sie ihre Schulkameraden und die Lehrer rufen.

„Warte! Emmy! Warteeeee!"

Aber Emmy konnte nicht warten. Sie musste wissen, was mit Kim passiert war. War sie etwa in den Bach hinuntergestürzt? Die Stute jedenfalls schien es nicht zu kümmern. Sie tat so, als ob überhaupt nichts gewesen wäre und knabberte friedlich an den Farnen.

Endlich erreichte das Pony die Brücke.

„Brrrr!", rief Emmy.

Das Pony wurde langsamer und stoppte.

Emmy sprang herunter

und rannte zur zum Ufer.

Tatsächlich lag Kim dort – ganz tief unten.

Ihre Beine baumelten im Bach.

„Kim!", schrie Emmy. „Bist du okay?"

Kim hob den Kopf und blickte nach oben.

„Mein Fuß", jammerte sie.

„Mein Fuß tut so weh."

„Warte!", rief Emmy. „Warte. Ich komme."

Nur Mut!

Flugs streifte Emmy sich das T-Shirt über den Kopf und zog Jeans und Schuhe aus. Jetzt stand sie da, in dem blöden Badeanzug mit den albernen Herzchen darauf, aber sie war froh, dass sie ihn überhaupt anhatte.

„Ich komme!", rief sie noch einmal. „Halte aus, Kim. Ich helfe dir."

Emmy setzte sich auf die Kante, schob die Füße über die Böschung und ließ sich wie auf einer Rutschbahn in die Tiefe gleiten. Sie landete neben Kim im Bach.

Das Wasser war eisig kalt.

„Nimm meine Hand", sagte Emmy.

„Ich zieh dich hoch."

„Ich kann nicht", jammerte Kim.

Die Böschung war viel zu steil.

Und zu rutschig.

Und außerdem war Kims Fuß verstaucht, vielleicht sogar gebrochen.

„Was machen wir denn jetzt?", murmelte Emmy verzweifelt. Eigentlich mussten die Lehrer jeden Moment hier auftauchen, aber auch für die war die Böschung zu steil. Womöglich musste sogar ein Kran kommen oder ein Rettungshubschrauber.

Emmy schaute sich um. Ihr Blick fiel auf die umgestürzte
Tanne. Und auf einmal hatte sie eine Idee.
„Wir müssen ganz in den Bach", sagte sie zu Kim.
„Nein, nein, nein", heulte die. „Das ist viel zu kalt."
„Jetzt stell dich nicht so an!", sagte Emmy wütend. „Mir ist
auch kalt."
Da war Kim ruhig. Zitternd umfasste sie Emmys Hände
und ließ sich von ihr durch den Bach ziehen.

Emmy zog Kim
bis zur Wurzel der Tanne.
„Halt dich gut fest", sagte sie.
Kim schnappte nach einer Wurzel.
„Zieh dich hoch!", rief Emmy.
„Ich kann nicht", jaulte Kim.

„Doch, du kannst", sagte Emmy energisch. „Ich halte dich."
Sie umklammerte Kims Hüfte und stemmte sie hoch. „Los,
greif die nächste Wurzel und zieh dich hoch!"
Kim streckte ihren Arm aus und tastete mit den Fingern
nach einem neuen Halt. Endlich fand sie eine Wurzel, die
kräftig genug war, und umklammerte sie.
„Weiter!", rief Emmy. „Du musst ziehen und ich schiebe."
Sie ging in die Hocke, sodass Kim sich auf ihre Schultern
setzen konnte. Stöhnend drückte Emmy sich wieder in den
Stand. Kim war verdammt schwer. Und die Steine, die auf
dem Grund des Baches lagen, waren klein und spitz und
drückten Emmy schmerzhaft in die Fußsohlen.

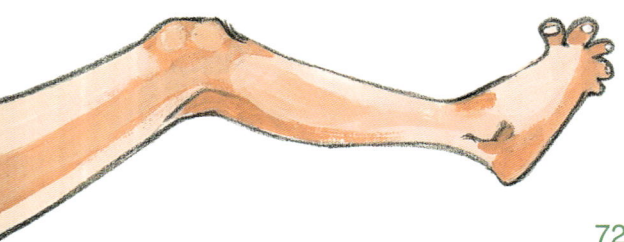

Emmy biss die Zähne zusammen.

„Los, weiter!", befahl sie.

Oben über der Böschung

hörte sie das Pony.

Es schnaubte.

Und dann ertönte auf einmal

Frau Wuchtigs Stimme.

„Ach, du lieber Gott!"

Emmy blickte nach oben und sah das erschrockene Gesicht
ihrer Klassenlehrerin und Herrn Maisfeld, der sich auf den
Bauch gelegt hatte und Kim seine Hand entgegenstreckte.

„Halt dich fest!", rief er.

„Ich kann nicht!", jammerte Kim.

Es fehlten nur noch ein paar Zentimeter zwischen ihren und den Fingerspitzen ihres Lehrers. Emmy setzte einen Fuß auf eine tiefe, querstehende Wurzel, und umklammerte eine andere, die hoch über ihr war. Sie kniff die Augen zu und zog und stemmte sich mit allerletzter Kraft nach oben. Die Tränen schossen ihr in die Augen, so anstrengend war es. Plötzlich rief Herr Maisfeld:

„Ich hab sie!"

Da wusste Emmy, dass sie es geschafft hatte. Kims Schenkel lösten sich von ihren Schultern. Langsam schwebte sie nach oben. Sie schrie und schrie und Herr Maisfeld stöhnte und Frau Biber, Frau Käseblatt, Frau Wuchtig und die Kinder riefen alle durcheinander.

Eine Riesenüberraschung

Emmy zitterte.

Langsam kletterte sie

an der Wurzel hoch.

Plötzlich wurde sie an den Armen gepackt und nach oben gezogen.

„Himmel noch mal, seid ihr denn alle ganz und gar verrückt geworden!", rief Frau Biber. Sie war leichenblass im Gesicht. Sorgenvoll musterte sie Emmy von den Haarwurzeln bis zu den Zehen. „Ist alles in Ordnung mit dir?"

Emmy nickte. Sie fühlte sich noch ein wenig wackelig, aber verletzt hatte sie sich nicht. Herr Maisfeld und Frau Wuchtig hockten bei Kim auf dem Boden und untersuchten ihren Fuß.

Leo stand auch dabei und starrte Kim an. „Hast du dir doll wehgetan?", fragte er stockend.

„Der Fuß ist verstaucht", sagte Maisfeld. „Zum Glück nicht gebrochen. Aber beschwören möchte ich das nicht. Ich trage Kim jetzt erst einmal zum See zurück."

„Nicht nötig", sagte Frau Wuchtig.

„Wir setzen sie auf das Pony."

Herr Maisfeld schüttelte den Kopf.

„Das geht nicht", sagte er.

„Die Pferde gehören nicht uns.

Wir müssen dem Besitzer

Bescheid sagen."

„Die Pferde gehören meinem Bruder", sagte Frau Wuchtig. Sie zog ein Handy aus ihrer Hosentasche, tippte eine Nummer ein und lauschte.

„Ja, Hannes", sagte sie schließlich. „Hier ist Monika. Harissa ist mal wieder ausgebrochen. Sie grast bei der Brücke am Bach."

Während sie in ihr Handy horchte, nickte sie. „Ja", bestätigte sie. „Ein Mädchen aus meiner Klasse hat sie aufgescheucht. Es tut mir sehr leid", fügte sie hinzu, während sie ihren Blick auf Emmy richtete.

„Ich weiß auch nicht, wie das passieren konnte. Aber das werde ich schon noch herausfinden."

Emmys Herz klopfte wie verrückt.
Frau Wuchtig steckte das Handy wieder
in ihre Hosentasche zurück.
Noch immer sah sie Emmy an.

„Aber sie war es nicht!", rief Kim.
„Ich bin auf die Stute gestiegen.
Emmy hat mich gerettet."

Sina und Nasra standen schweigend da und starrten Kim
und Leo an.

„Das stimmt", sagte Sina schließlich. „Wir haben Emmy angestachelt. Als sie nicht auf dem Pony reiten wollte, ist Kim zu der schwarzen Stute gelaufen."

Nasra nickte. „Wir dachten, dass das nicht gefährlich ist. Denn eigentlich kann Kim ja reiten. Sie nimmt schon lange Stunden", fügte sie hinzu.

Frau Wuchtig kräuselte die Lippen. „Das ist doch nicht das Gleiche", sagte sie streng. „Reitstunden nehmen und auf einer fremden Koppel auf ein fremdes Pferd steigen. Noch dazu ohne Sattel und Zaumzeug!"

Sina und Nasra senkten betreten die Köpfe.

„Wir hätten besser auf Emmy hören sollen", presste Sina leise hervor. Sie hob den Kopf und blickte Emmy nun geradewegs in die Augen. „E-es t-tut mir l-leid", stammelte sie. „A-alles. Dass wir immer so blöd zu dir waren und so …"

Emmy wurde es

ganz warm ums Herz.

„Schon gut", sagte sie.

„Nein, nicht gut", sagte Nasra.

„Du warst wirklich toll!

Und so mutig!"

„Ja, das war sie", bestätigte Herr Maisfeld.
„Geradezu halsbrecherisch mutig."
„Mein Gehirn war aber eingeschaltet", sagte Emmy.

„Wirklich."

Nasra, Sina, Leo, Emre, Anton und all die anderen grinsten und nickten Emmy anerkennend zu.

„So", sagte Frau Wuchtig. „Jetzt wollen wir aber endlich mal Kim auf Letty setzen und …"

„Auf Letty?", entfuhr es Emmy. „Heißt das Pony wirklich Letty?"

Ihre Klassenlehrerin nickte. „Ja, mein Bruder hat das Pony vor einiger Zeit von einem alten Herrn gekauft, der ins Seniorenheim gegangen ist."

„A-a-a …", stotterte Emmy. Vor Aufregung bekam sie kaum noch Luft. „Das war mein Opa! Letty kam mir ja gleich so bekannt vor!", rief sie.

„Dann kennst du das Pony also?", fragte Frau Wuchtig.

Emmy nickte.

„Früher bin ich

ganz oft auf ihr geritten."

„Und jetzt bist du traurig,

dass es nicht mehr geht?",

fragte Frau Wuchtig.

Wieder nickte Emmy.

„Na ja", erwiderte die Klassenlehrerin. „Ich fahre fast jedes zweite Wochenende hier raus zu meinem Bruder. Vielleicht kannst du ja ab und zu mal mitkommen."

Emmys Augen wurden riesengroß.

„Das wäre toll!",

jubelte sie.

Aus der Ferne kam ein Geländewagen herangefahren. Am Steuer saß der Bruder von Frau Wuchtig. Er wickelte einen kühlenden Verband um Kims Fuß. Danach legte er der Stute Zaumzeug an und führte sie zur Koppel zurück.

Kim durfte auf Letty

zum See reiten.

Leo lief neben ihr her.

Sina und Nasra

gingen neben Emmy.

„Der Badeanzug

mit den Herzen ist cool",

sagte Nasra.

„Den hätte ich auch gerne gehabt."

Glücklich rannte Emmy auf den See zu und geradewegs ins
Wasser hinein. War das eine wunderbare Erfrischung!

Voller Übermut schwamm sie ein paar Kraulzüge auf den See hinaus. Da spürte sie plötzlich eine sanfte Berührung an ihrem Bein. Emmy stoppte und wirbelte prustend herum. „Entschuldigung", sagte Emre.
„Ich wollte dich nicht erschrecken."

„War nicht so schlimm",
sagte Emmy.
Emres Augen leuchteten.

„Dass du so toll reiten kannst!
Und schwimmen!
Und noch dazu so mutig bist!",
schwärmte er.
Emmys Herz klopfte wild.

„Ich hab Kim deinen Liebesbrief immer noch nicht gege-
ben", sagte sie leise.

Emre riss die Augen auf. „Aber der war doch nicht von
mir!", sagte er empört. „Der war von Leo." Er deutete zum
Ufer hinüber, wo Kim und Leo beieinander im Gras saßen.
„Aber den braucht Kim jetzt nicht mehr."

Er schaute Emmy treuherzig an.

„Ich mag doch nur dich", krächzte er.

„Em und Em. Das passt doch super.

Oder findest du nicht?"

Doch, das fand Emmy auch.

Und überhaupt: Überraschende Ausflüge ins Blaue waren
das Beste, was es gab auf der Welt!

Autorin

Patricia Schröder, 1960 im Weserland geboren, wuchs in Düsseldorf auf, studierte Textildesign und arbeitete einige Jahre in diesem Beruf. Als ihre Kinder zur Welt kamen, zog sie in den Norden zurück. Dort ließ sie sich mit ihrer Familie und einer Handvoll Tieren auf einer kleinen Warft nieder und fing an, sich Geschichten auszudenken. Patricia Schröder liegt besonders die Leseförderung am Herzen. Sie hat das Konzept „Erst ich ein Stück, dann du" entwickelt, um bei Kindern über das gemeinsame Lesen den Spaß an Büchern und Geschichten zu wecken.

**Von Patricia Schröder sind in der Reihe „Erst ich ein Stück, dann du"
folgende Bücher erschienen:**

Ein Fall für Finn und Schörlock (28636)
Mia & Maxie – Beste Freundinnen halten zusammen (17835)
Ein Drachenfreund für Linus (17831)
Linus und der Drachen-Wettkampf (17984)
Nanuk – Ein kleiner Eisbär findet Freunde (17947)
Leo und das Mutmach-Training (17946)
Leni & Lotti – Ferien auf dem Ponyhof (17945)
Mirella und das Nixen-Geheimnis (17890)
Mirella und das magische Seepferdchen (17898)
Sophie im Land der Zauberponys (17834)
Rivalen auf dem Fußballplatz (17833)
Eine Burg für Ritter Rudi (17832)
Fibo - kleiner Fuchs, großer Held (17766)
Jakob und die Weltraumkicker (17380)
Flaffy Flitzekeks – Ein Gespenst sorgt für Wirbel (17378)
Nellies großer Auftritt (17377)
Lena und Tim – Abenteuerferien auf dem Hausboot (15735)
Aufregung im Ferienlager (15337)
3 Nixengeschichten (15948)
3 Fußballgeschichten (15344)
Klassiker für Kinder – Pinocchio (15346)
Klassiker für Kinder – Das Dschungelbuch (15345)
Die schönsten Kinderbuchklassiker – 3 Bände im Schuber (17224)
Linus und sein mutiger Drache – Zwei Geschichten in einem Band (17488)

Erst ich ein Stück,